해커스 중국어

HSK1-2급

한 권으로 가볍게 합격

출제기관 공식 지정

HSK1-2급

필수어휘 워크북

해커스

품사별로 익히는 HSK 1급 필수어휘

무료MP3 바로듣기

01일 | 대사

🎧 1급 01일.mp3

001

我
wǒ

대 나, 저

我看书。
Wǒ kàn shū.

저는 책을 읽어요.

我我我我我我我

我 wǒ								

002

我们
wǒmen

대 우리(들)

我们吃米饭。
Wǒmen chī mǐfàn.

우리는 밥을 먹어요.

我我我我我我我　们们们们们

我 wǒ	们 men							

003

你
nǐ

대 당신, 너

你的东西
nǐ de dōngxi

당신의 물건

你你你你你你你

你 nǐ								

004

他
tā

때 그, 그 사람

他学开车。
Tā xué kāi chē.

그는 운전하는 것을 배워요.

他 他 竹 他 他

他 tā								

005

她
tā

때 그녀, 그 여자

她是我的女儿。
Tā shì wǒ de nǚ'ér.

그녀는 내 딸이에요.

她 她 她 如 她 她

她 tā								

006

这
zhè

때 이것, 이

这是什么?
Zhè shì shénme?

이것은 무엇인가요?

这 这 辶 文 这 这 这

这 zhè								

007

那
nà

때 저, 그, 그곳

她喜欢那本书。
Tā xǐhuan nà běn shū.

그녀는 그 책을 좋아해요.

那 那 那 那 那 那

那 nà								

哪
nǎ

你想吃哪一个？

Nǐ xiǎng chī nǎ yí ge?

囲 어느   당신은 어느 것을 먹고 싶나요?

丨口口叮叮叮哪哪哪

哪								
nǎ								

哪儿
nǎr

你在哪儿工作？

Nǐ zài nǎr gōngzuò?

囲 어디   당신은 어디에서 일해요?

丨口口叮叮叮哪哪哪   丿儿

哪	儿							
nǎ	r							

什么
shénme

他们在做什么？

Tāmen zài zuò shénme?

囲 무엇, 무슨   그들은 무엇을 하고 있나요?

丿什什什   么么么

什	么							
shén	me							

几
jǐ

你几点来？

Nǐ jǐ diǎn lái?

囲 몇 ㈜ 몇[1부터 10까지의 불특정한 수]   당신은 몇 시에 오나요?

丿几

几								
jǐ								

012

多少
duōshao

대 얼마, 몇

这本书多少钱?
Zhè běn shū duōshao qián?

이 책은 얼마예요?

多多多多多多 | 小小少

多	少						
duō	shao						

013

谁
shéi

대 누구

谁会说汉语?
Shéi huì shuō Hànyǔ?

누가 중국어를 할 줄 알아요?

谁谁谁谁谁谁谁谁谁谁

谁							
shéi							

014

怎么
zěnme

대 어떻게, 어째서

明天怎么去那儿?
Míngtiān zěnme qù nàr?

내일 거기에 어떻게 가요?

怎怎怎怎怎怎怎怎怎 | 么么么

怎	么						
zěn	me						

015

怎么样
zěnmeyàng

대 어떠한가, 어떻다

他的汉语怎么样?
Tā de Hànyǔ zěnmeyàng?

그의 중국어는 어때요?

怎怎怎怎怎怎怎怎怎 | 么么么 | 样样样样样样样样样样

怎	么	样				
zěn	me	yàng				

001

是
shì

⑧ ~이다

这是电脑。
Zhè shì diànnǎo.

이것은 컴퓨터예요.

是是是是是是是是

是 shì								

002

有
yǒu

⑧ 있다, 소유하다

我有那本书。
Wǒ yǒu nà běn shū.

저는 그 책이 있어요.

有有有有有

有 yǒu								

003

没有
méiyǒu

⑧ 없다 ⑨ ~않다

里面没有钱。
Lǐmian méiyǒu qián.

안에 돈이 없어요.

没没没没没没没　　有有有有有

没 méi	有 yǒu							

004

在
zài

동 ~에 있다 　전 ~에서 　부 ~하고 있는 중이다

妹妹在学校里。
Mèimei zài xuéxiào li.
여동생은 학교에 있어요.

在在在在在在

在							
zài							

005

吃
chī

동 먹다

她去吃饭。
Tā qù chī fàn.
그녀는 밥을 먹으러 가요.

吃吃吃吃吃吃

吃							
chī							

006

喝
hē

동 마시다

我想喝水。
Wǒ xiǎng hē shuǐ.
저는 물을 마시고 싶어요.

喝喝喝喝喝喝喝喝喝喝喝喝

喝							
hē							

007

看
kàn

동 보다

你在看什么?
Nǐ zài kàn shénme?
당신은 무엇을 보고 있어요?

看看看看看看看看看

看							
kàn							

008

听
tīng

⑧ 듣다

我不想听。
Wǒ bù xiǎng tīng.

저는 듣고 싶지 않아요.

听听听听听听听

听 tīng								

009

来
lái

⑧ 오다

你今天来吗?
Nǐ jīntiān lái ma?

당신 오늘 오시나요?

来来来来来来来

来 lái								

010

去
qù

⑧ 가다

你怎么去学校?
Nǐ zěnme qù xuéxiào?

당신은 어떻게 학교에 가요?

去去去去去

去 qù								

011

做
zuò

⑧ 하다, 만들다

你在家里做什么?
Nǐ zài jiā li zuò shénme?

당신은 집에서 무엇을 해요?

做做做做做做做做做做做

做 zuò								

012

买
mǎi

동 사다, 구매하다

爸爸去买菜。
Bàba qù mǎi cài.
아빠는 채소를 사러 가요.

买买买买买买

买								
mǎi								

013

说
shuō

동 말하다

老师，我会说汉语。
Lǎoshī, wǒ huì shuō Hànyǔ.
선생님, 제가 중국어를 말할 줄 알아요.

说说说说说说说说说

说								
shuō								

014

读
dú

동 읽다, 공부하다

你读一下。
Nǐ dú yíxià.
당신이 읽어 보세요.

读读读读读读读读读读

读								
dú								

015

写
xiě

동 쓰다, 적다

我会写这个字。
Wǒ huì xiě zhège zì.
저는 이 글자를 쓸 줄 알아요.

写写写写写

写								
xiě								

001

学习
xuéxí

동 배우다, 공부하다, 학습하다

学习做中国菜
xuéxí zuò Zhōngguó cài

중국 음식 만드는 것을 배우다

学学学学学学学学　习习习

学	习						
xué	xí						

002

工作
gōngzuò

동 일하다 명 일, 직업

我工作三年了。
Wǒ gōngzuò sān nián le.

저는 일한 지 3년이 되었어요.

工工工　作作作作作作作

工	作						
gōng	zuò						

003

喜欢
xǐhuan

동 좋아하다

中国人喜欢喝茶。
Zhōngguórén xǐhuan hē chá.

중국 사람은 차 마시는 것을 좋아해요.

喜喜喜喜喜喜喜喜喜喜喜喜　欢欢欢欢欢欢

喜	欢						
xǐ	huan						

004

爱
ài

동 좋아하다, 사랑하다

爱吃米饭
ài chī mǐfàn

밥 먹는 것을 좋아하다

爱爱爱爱爱爱爱爱爱

爱 ài								

005

对不起
duìbuqǐ

동 죄송합니다, 미안합니다

对不起, 我没听见。
Duìbuqǐ, wǒ méi tīngjiàn.

죄송합니다, 못 들었어요.

对对对对对　不不不不　起起起起起起起起起

对 duì	不 bu	起 qǐ						

006

没关系
méi guānxi

괜찮다, 상관 없다

不会做菜没关系。
Bú huì zuò cài méi guānxi.

요리를 할 줄 몰라도 괜찮아요.

没没没没没没没　关关关关关关　系系系系系系系

没 méi	关 guān	系 xi						

007

谢谢
xièxie

동 감사합니다, 고맙습니다

谢谢你。
Xièxie nǐ.

감사합니다.

谢谢谢谢谢谢谢谢谢谢谢谢　谢谢谢谢谢谢谢谢谢谢谢谢

谢 xiè	谢 xie							

008

不客气
bú kèqi

천만에요, 별 말씀을요

不客气, 请坐。
Bú kèqi, qǐng zuò.

천만에요, 앉으세요.

不不不不　　客客客客客客客客客客　　气气气气

不	客	气						
bú	kè	qi						

009

再见
zàijiàn

동 안녕히 계세요, 안녕히 가세요

再见, 下个月见。
Zàijiàn, xià ge yuè jiàn.

안녕히 계세요. 다음 달에 만나요.

再再再再再再　　见见见见

再	见						
zài	jiàn						

010

坐
zuò

동 타다, 앉다

坐飞机去北京。
Zuò fēijī qù Běijīng.

비행기를 타고 베이징에 가요.

坐坐坐坐坐坐坐

坐							
zuò							

011

开
kāi

동 운전하다, 열다, 켜다

我开车回家。
Wǒ kāi chē huí jiā.

저는 차를 운전해서 집에 가요.

开开开开

开							
kāi							

012

住
zhù

동 살다, 묵다

我住在朋友家里。
Wǒ zhù zài péngyou jiā li.
저는 친구 집에 살아요.

住住住住住住住

住							
zhù							

013

认识
rènshi

동 알다

你认识那个人吗?
Nǐ rènshi nàge rén ma?
당신은 저 사람을 알아요?

认认认认　　识识识识识识

认	识						
rèn	shi						

014

请
qǐng

동 ~해 주세요, 청하다, 대접하다

请在这儿写名字。
Qǐng zài zhèr xiě míngzi.
여기에 이름을 써 주세요.

请请请请请请请请请请

请							
qǐng							

015

回
huí

동 돌아가다, 돌아오다

她现在回去。
Tā xiànzài huíqu.
그녀는 지금 돌아가요.

回回回回回回

回							
huí							

🎧 1급 04일.mp3

001

叫
jiào

통 ~이라고 하다, 부르다

他叫李明。
Tā jiào Lǐ Míng.
그는 리밍이라고 해요.

叫 叫 叫 叫 叫

叫							
jiào							

002

看见
kànjiàn

통 보다, 보이다

你看见了吗?
Nǐ kànjiànle ma?
당신 봤어요?

看 看 看 看 看 看 看 看 看　　　见 见 见 见

看	见						
kàn	jiàn						

003

打电话
dǎ diànhuà

전화를 하다, 전화를 걸다

他在打电话。
Tā zài dǎ diànhuà.
그는 전화를 하고 있어요.

打 打 打 打 打　　电 电 电 电 电　　话 话 话 话 话 话 话

打	电	话					
dǎ	diàn	huà					

004

睡觉
shuìjiào

(동) 잠을 자다

我想睡觉了。
Wǒ xiǎng shuìjiào le.

저는 잠을 자고 싶어요.

丨丨丨丨丨丨丨丨丨丨睡睡睡　　觉觉觉觉觉觉觉觉觉

睡	觉							
shuì	jiào							

005

下雨
xià yǔ

비가 내리다

下雨了，你怎么回去？
Xià yǔ le, nǐ zěnme huíqu?

비가 내리는데, 당신은 어떻게 돌아가요?

下下下　　雨雨雨雨雨雨雨雨

下	雨							
xià	yǔ							

006

一
yī

(수) 1, 하나

一杯茶
yì bēi chá

차 한 잔

一

一								
yī								

007

二
èr

(수) 2, 둘

二十岁
èrshí suì

스무 살

二二

二								
èr								

008

三
sān

㈜ 3, 셋

三十分钟
sānshí fēnzhōng

30분

一 二 三

三 sān								

009

四
sì

㈜ 4, 넷

住四天
zhù sì tiān

4일 묵다

丨 冂 冂 四 四

四 sì								

010

五
wǔ

㈜ 5, 다섯

现在五点。
Xiànzài wǔ diǎn.

지금은 5시예요.

一 丅 五 五

五 wǔ								

011

六
liù

㈜ 6, 여섯

六个苹果
liù ge píngguǒ

사과 6개

丶 亠 六 六

六 liù								

012

七
qī

㈜ 7, 일곱

这个杯子7块钱。
Zhège bēizi qī kuài qián.

이 컵은 7위안이에요.

七 七

七 qī							

013

八
bā

㈜ 8, 여덟

八点了。
Bā diǎn le.

8시가 되었어요.

八 八

八 bā							

014

九
jiǔ

㈜ 9, 아홉

九点三十分
jiǔ diǎn sānshí fēn

9시 30분

九 九

九 jiǔ							

015

十
shí

㈜ 10, 열

现在十点多了。
Xiànzài shí diǎn duō le.

지금은 10시가 넘었어요.

十 十

十 shí							

001

个
gè
양 개, 명

三个电脑
sān ge diànnǎo
컴퓨터 세 개

个 个 个

个 gè								

002

本
běn
양 권[책을 세는 단위]

买一本书
mǎi yì běn shū
책 한 권을 사다

本 才 才 木 本

本 běn								

003

点
diǎn
양 시(時)

现在几点了?
Xiànzài jǐ diǎn le?
지금 몇 시예요?

点 点 点 点 点 点 点 点 点

点 diǎn								

004

岁
suì

[양] 살, 세[나이를 셀 때 쓰임]

小狗今年三岁了。
Xiǎogǒu jīnnián sān suì le.

강아지는 올해 세 살이 되었어요.

岁岁岁岁岁岁

岁								
suì								

005

块
kuài

[양] 위안[중국 화폐 단위], 조각, 개[시계 등을 세는 단위]

我有9块钱。
Wǒ yǒu jiǔ kuài qián.

저는 9위안이 있어요.

块块块块块块块

块								
kuài								

006

些
xiē

[양] 몇, 약간, 조금[적은 수량을 나타냄]

那些苹果是谁买的?
Nàxiē píngguǒ shì shéi mǎi de?

저 사과들은 누가 샀어요?

些些些些些些些些

些								
xiē								

007

号
hào

[양] 일[날짜를 가리킴] [명] 번호

今天是1号。
Jīntiān shì yī hào.

오늘은 1일이에요.

号号号号号

号								
hào								

008

一点儿
yìdiǎnr

수량 조금, 약간[불확정적인 수량을 나타냄]

有大一点儿的吗?
Yǒu dà yìdiǎnr de ma?
조금 더 큰 것 있나요?

一　点点点点点点点点　儿儿

一	点	儿						
yì	diǎn	r						

009

妈妈
māma

명 엄마, 어머니

妈妈去哪儿了?
Māma qù nǎr le?
엄마는 어디 갔어요?

妈妈妈妈妈妈　妈妈妈妈妈妈

妈	妈						
mā	ma						

010

爸爸
bàba

명 아빠, 아버지

爸爸在睡觉。
Bàba zài shuìjiào.
아빠는 자고 있어요.

爸爸爸爸爸爸爸爸　爸爸爸爸爸爸爸爸

爸	爸						
bà	ba						

011

女儿
nǚ'ér

명 딸

女儿在北京读书。
Nǚ'ér zài Běijīng dúshū.
딸은 베이징에서 공부해요.

女女女　儿儿

女	儿						
nǚ	ér						

012

儿子
érzi
명 아들

儿子在学习。
Érzi zài xuéxí.
아들은 공부하고 있어요.

丿儿　子了子

儿 ér	子 zi								

013

家
jiā
명 집 양 [집·가게를 세는 단위]

他在家里吃饭。
Tā zài jiā li chī fàn.
그는 집에서 밥을 먹어요.

家家家家家家家家家家

家 jiā									

014

狗
gǒu
명 개, 강아지

我喜欢小狗。
Wǒ xǐhuan xiǎogǒu.
저는 강아지를 좋아해요.

狗狗狗狗狗狗狗狗

狗 gǒu									

015

猫
māo
명 고양이

我的猫在这儿。
Wǒ de māo zài zhèr.
제 고양이는 여기에 있어요.

猫猫猫猫猫猫猫猫猫猫猫

猫 māo									

001

茶
chá
몡 차

妈妈爱喝茶。
Māma ài hē chá.
엄마는 차 마시는 것을 좋아해요.

茶茶茶茶茶茶茶茶茶

茶							
chá							

002

杯子
bēizi
몡 컵, 잔

一个杯子
yí ge bēizi
컵 한 개

杯杯杯杯杯杯杯杯　子子子

杯	子						
bēi	zi						

003

水
shuǐ
몡 물

多喝热水。
Duō hē rè shuǐ.
따뜻한 물 많이 마셔요.

水水水水

水							
shuǐ							

004

米饭
mǐfàn

⑲ 밥, 쌀밥

儿子爱吃米饭。

Érzi ài chī mǐfàn.

아들은 밥 먹는 것을 좋아해요.

米米米半米米　　饭饭饭饭饭饭饭

米	饭						
mǐ	fàn						

005

水果
shuǐguǒ

⑲ 과일

你想吃什么水果?

Nǐ xiǎng chī shénme shuǐguǒ?

당신은 무슨 과일 먹고 싶어요?

水水水水　　果果果果果果果果

水	果						
shuǐ	guǒ						

품사별로 익히는 HSK 1급 필수어휘

006

苹果
píngguǒ

⑲ 사과

一块儿苹果

yíkuàir píngguǒ

사과 한 조각

苹苹苹苹苹苹苹苹　　果果果果果果果果

苹	果						
píng	guǒ						

007

菜
cài

⑲ 요리, 음식, 채소, 반찬

做很多菜

zuò hěn duō cài

많은 요리를 만들다

菜菜菜菜菜菜菜苹苹菜

菜							
cài							

008

饭店
fàndiàn

몡 식당, 호텔

在饭店吃饭
zài fàndiàn chī fàn

식당에서 밥을 먹다

饭饭饭饭饭饭饭　　店店店店店店店

饭 fàn	店 diàn						

009

东西
dōngxi

몡 물건, 것

买了很多东西
mǎile hěn duō dōngxi

많은 물건을 샀다

东东东东东　　西西西西西西

东 dōng	西 xi						

010

商店
shāngdiàn

몡 상점

在商店买东西
zài shāngdiàn mǎi dōngxi

상점에서 물건을 사다

商商商商商商商商商商商　　店店店店店店店

商 shāng	店 diàn						

011

钱
qián

몡 돈

没钱了
méi qián le

돈이 없다

钱钱钱钱钱钱钱钱钱钱

钱 qián							

012

同学
tóngxué

명 학우, 동창

哪个是你的同学?
Nǎge shì nǐ de tóngxué?

어느 분이 당신 학우예요?

同 冂 冃 冃 同 同　　学 学 学 学 学 学 学 学

同 tóng	学 xué						

013

朋友
péngyou

명 친구

认识很多朋友
rènshi hěn duō péngyou

많은 친구를 알다

朋 朋 朋 朋 朋 朋 朋 朋　　友 ナ 方 友

朋 péng	友 you						

014

老师
lǎoshī

명 선생님

她是汉语老师。
Tā shì Hànyǔ lǎoshī.

그녀는 중국어 선생님이에요.

老 老 老 老 老 老　　师 丿 师 师 师 师 师

老 lǎo	师 shī						

015

学生
xuésheng

명 학생

他是个学生。
Tā shì ge xuésheng.

그는 학생이에요.

学 学 学 学 学 学 学 学　　生 生 乍 生 生

学 xué	生 sheng						

001

学校
xuéxiào

圐 학교

你们学校有多少学生？
Nǐmen xuéxiào yǒu duōshao xuésheng?

당신의 학교에는 학생이 몇 명 있나요?

学学学学学学学 校校校校校校校校校

学	校							
xué	xiào							

002

先生
xiānsheng

圐 선생님[성인 남성에 대한 경칭], 남편

先生，里面请。
Xiānsheng, lǐmian qǐng.

선생님, 안쪽으로 들어오세요.

先先先先先先 生生生生生

先	生							
xiān	sheng							

003

小姐
xiǎojiě

圐 아가씨[성인 여성에 대한 경칭]

小姐，是你的电话。
Xiǎojiě, shì nǐ de diànhuà.

아가씨, 당신 전화예요.

小小小 姐姐姐姐姐姐姐姐

小	姐							
xiǎo	jiě							

004

桌子
zhuōzi

몡 탁자, 책상, 테이블

桌子上有一个杯子。
Zhuōzi shang yǒu yí ge bēizi.

탁자 위에 컵 한 개가 있어요.

桌桌桌桌桌桌卓桌桌　　子了子

桌 zhuō	子 zi							

005

椅子
yǐzi

몡 의자

这个椅子多少钱?
Zhège yǐzi duōshao qián?

이 의자는 얼마인가요?

椅椅椅椅椅椅椅椅椅椅椅　　子了子

椅 yǐ	子 zi							

006

上
shàng

몡 위, (시간 등의) 지난

猫在上面。
Māo zài shàngmian.

고양이는 위에 있어요.

上上上

上 shàng								

007

下
xià

몡 아래, 밑, 다음 통 내리다

小狗在桌子下面。
Xiǎogǒu zài zhuōzi xiàmian.

강아지는 탁자 아래에 있어요.

下下下

下 xià								

008

里
lǐ

명 안, 안쪽, 내부

这里面是什么?
Zhè lǐmian shì shénme?

이 안에는 뭐예요?

里 口 曰 旦 申 里 里

里 lǐ									

009

前面
qiánmian

명 앞, 앞쪽

前面有家饭馆儿。
Qiánmian yǒu jiā fànguǎnr.

앞에 식당 하나가 있어요.

前 前 前 前 前 前 前 前 前　　面 面 面 面 面 面 面 面 面

前 qián	面 mian							

010

后面
hòumian

명 뒤, 뒤쪽

他在我后面。
Tā zài wǒ hòumian.

그는 제 뒤에 있어요.

后 后 后 后 后 后　　面 面 面 面 面 面 面 面 面

后 hòu	面 mian							

011

书
shū

명 책

那本书是我的。
Nà běn shū shì wǒ de.

그 책은 제 것이에요.

书 书 书 书

书 shū									

012

衣服
yīfu

명 옷

衣服在椅子上。
Yīfu zài yǐzi shang.
옷이 의자 위에 있어요.

衣衣衣衣衣衣　　服服服服服服服服

衣	服						
yī	fu						

013

电脑
diànnǎo

명 컴퓨터

电脑怎么了?
Diànnǎo zěnmele?
컴퓨터가 왜 이러지?

电电电电电　　脑脑脑脑脑脑脑脑脑脑

电	脑						
diàn	nǎo						

014

电视
diànshì

명 텔레비전

她们在家里看电视。
Tāmen zài jiā li kàn diànshì.
그녀들은 집에서 텔레비전을 봐요.

电电电电电　　视视视视视视视视

电	视						
diàn	shi						

015

电影
diànyǐng

명 영화

他没去看电影。
Tā méi qù kàn diànyǐng.
그는 영화를 보러 가지 않았어요.

电电电电电　　影影影影影影影影影影影影影影影

电	影						
diàn	yǐng						

🎧 1급 08일.mp3

001

医生
yīshēng

명 의사

医生说什么了?

Yīshēng shuō shénme le?

의사가 뭐라고 했나요?

医医医医医医医 生生乍生生

医	生						
yī	shēng						

002

医院
yīyuàn

명 병원

医生在医院工作。

Yīshēng zài yīyuàn gōngzuò.

의사는 병원에서 일해요.

医医医医医医医 院院院院院院院院院

医	院						
yī	yuàn						

003

出租车
chūzūchē

명 택시

在出租车上

zài chūzūchē shang

택시 안에 있다

出出出出出 租租租租租租租租租 车车车车

出	租	车					
chū	zū	chē					

004

飞机
fēijī
몡 비행기

在飞机上
zài fēijī shang
비행기 안에 있다

飞飞飞　机机机机机

飞 fēi	机 jī						

005

名字
míngzi
몡 이름

你叫什么名字?
Nǐ jiào shénme míngzi?
당신의 이름은 무엇입니까?

名名名名名名　字字字字字字

名 míng	字 zì						

006

字
zì
몡 글자, 글씨

这个字怎么读?
Zhège zì zěnme dú?
이 글자는 어떻게 읽어요?

字字字字字字

字 zì							

007

人
rén
몡 사람

他是中国人。
Tā shì Zhōngguórén.
그는 중국 사람이에요.

人人

人 rén							

008

今天
jīntiān

今天天气不好。

Jīntiān tiānqì bù hǎo.

명 오늘

오늘은 날씨가 좋지 않아요.

今 个 今 今　　天 二 天 天

今	天						
jīn	tiān						

009

明天
míngtiān

明天请你吃饭。

Míngtiān qǐng nǐ chī fàn.

명 내일

내일 당신에게 밥 사 줄게요.

明 冂 冂 昈 明 明 明　　天 二 天 天

明	天						
míng	tiān						

010

昨天
zuótiān

昨天没下雨。

Zuótiān méi xià yǔ.

명 어제

어제는 비가 안 왔어요.

昨 冂 冂 昈 昨 昨 昨　　天 二 天 天

昨	天						
zuó	tiān						

011

上午
shàngwǔ

上午九点

shàngwǔ jiǔ diǎn

명 오전

오전 9시

上 上 上　　午 午 午 午

上	午						
shàng	wǔ						

012

中午
zhōngwǔ

명 점심, 정오

中午想吃什么?
Zhōngwǔ xiǎng chī shénme?

점심에 뭐 먹고 싶어요?

中口中中　　午午午午

中 zhōng	午 wǔ						

013

下午
xiàwǔ

명 오후

下午我不在家。
Xiàwǔ wǒ bú zài jiā.

오후에 저는 집에 없어요.

下下下　　午午午午

下 xià	午 wǔ						

014

星期
xīngqī

명 주, 요일

一个星期有七天。
Yí ge xīngqī yǒu qī tiān.

일주일은 7일이에요.

星星星星星星星星星　　期廿廿廿期期期期期期期期

星 xīng	期 qī						

015

月
yuè

명 월, 달

9月9号，星期一
jiǔ yuè jiǔ hào, xīngqīyī

9월 9일, 월요일

月月月月

月 yuè							

001

分钟
fēnzhōng
몡 분

10分钟后见。
Shí fēnzhōng hòu jiàn.
10분 뒤에 만나요.

分分分分　　钟钟钟钟钟钟钟钟钟

分	钟							
fēn	zhōng							

002

年
nián
몡 해, 년

我今年12岁。
Wǒ jīnnián shí'èr suì.
저는 올해 12살이에요.

年年年年年年

年								
nián								

003

时候
shíhou
몡 때, 시간, 무렵

我吃饭的时候看电视。
Wǒ chī fàn de shíhou kàn diànshì.
저는 밥을 먹을 때 텔레비전을 봐요.

时时时时时时　　候候候候候候候候候

时	候							
shí	hou							

004

现在
xiànzài

명 지금, 현재

现现现现现现现 在在在在在

现	在				
xiàn	zài				

你现在在哪儿?
Nǐ xiànzài zài nǎr?

당신 지금 어디에 있어요?

005

天气
tiānqì

명 날씨

天天天天 气气气气

天	气				
tiān	qì				

明天天气怎么样?
Míngtiān tiānqì zěnmeyàng?

내일 날씨는 어때요?

006

汉语
Hànyǔ

고유 중국어

汉汉汉汉汉 语语语语语语语语

汉	语				
Hàn	yǔ				

学习汉语
xuéxí Hànyǔ

중국어를 공부하다

007

北京
Běijīng

고유 베이징, 북경[중국의 수도]

北北北北北 京京京京京京京京

北	京				
Běi	jīng				

在北京学习
zài Běijīng xuéxí

베이징에서 공부하다

008

中国
Zhōngguó

고유 중국

下个星期去中国。
Xià ge xīngqī qù Zhōngguó.

다음 주 중국에 가요.

中口口中　国门门门闩闩囯国国

中	国							
Zhōng	guó							

009

好
hǎo

형 좋다

今天天气很好。
Jīntiān tiānqì hěn hǎo.

오늘은 날씨가 좋아요.

女女好好好好

好							
hǎo							

010

高兴
gāoxìng

형 기쁘다, 즐겁다

他今天很高兴。
Tā jīntiān hěn gāoxìng.

그는 오늘 기뻐요.

高高高高高高高高高　兴兴兴兴兴兴

高	兴							
gāo	xìng							

011

漂亮
piàoliang

형 예쁘다

太漂亮了。
Tài piàoliang le.

너무 예뻐요.

漂漂漂漂漂漂漂漂漂漂漂漂漂　亮亮亮亮亮亮亮亮亮

漂	亮							
piào	liang							

012

大
dà

형 크다, (나이, 수량이) 많다

这个杯子很大。
Zhège bēizi hěn dà.

이 컵은 커요.

六大大

大 dà							

013

小
xiǎo

형 작다, (나이, 수량이) 적다

有没有小的?
Yǒu méi yǒu xiǎo de?

작은 것 있어요?

小小小

小 xiǎo							

014

多
duō

형 많다 대 얼마나[정도, 수량을 물음] 图 남짓, 여

家里有很多苹果。
Jiā li yǒu hěn duō píngguǒ.

집에 사과가 많이 있어요.

多多多多多多

多 duō							

015

少
shǎo

형 (수량이) 적다

米饭有点儿少。
Mǐfàn yǒudiǎnr shǎo.

밥이 조금 적어요.

少少少少

少 shǎo							

001

冷
lěng
휑 춥다, 차다

今天太冷了。
Jīntiān tài lěng le.
오늘 너무 추워요.

冷冷冷冷冷冷冷

冷								
lěng								

002

热
rè
휑 덥다, 뜨겁다

这儿太热。
Zhèr tài rè.
여기 너무 더워요.

热热热热热热热热热热

热								
rè								

003

很
hěn
튐 매우, 대단히

杯子很漂亮。
Bēizi hěn piàoliang.
컵이 (매우) 예뻐요.

很很很很很很很很很

很								
hěn								

004

不
bù

(부) [동사·형용사·부사 앞에서 부정을 나타냄]

我不爱吃水果。
Wǒ bú ài chī shuǐguǒ.
저는 과일 먹는 것을 좋아하지 않아요.

不不不不

不 bù								

005

都
dōu

(부) 모두, 다

他们都爱看电影。
Tāmen dōu ài kàn diànyǐng.
그들은 모두 영화 보는 것을 좋아해요.

都都都都都都者者者 都都

都 dōu								

006

太
tài

(부) 너무, 아주

衣服太大了。
Yīfu tài dà le.
옷이 너무 커요.

太大大太

太 tài								

007

的
de

(조) [관형어와 주어·목적어를 연결함]

我的杯子
wǒ de bēizi
나의 컵

的的的的的的的的

的 de								

008

了
le

조 [동작 또는 변화가 완료되었음을 나타냄]

儿子回家了。
Érzi huí jiā le.

아들은 집에 갔어요.

了了

了							
le							

009

吗
ma

조 [문장 끝에 쓰여 의문의 어기를 나타냄]

这是你的吗?
Zhè shì nǐ de ma?

이건 당신 거예요?

吗吗吗吗吗吗

吗							
ma							

010

呢
ne

조 [문장의 끝에 쓰여 동작이나 상태가 계속되고 있음을 나타내거나 의문의 어기를 나타냄]

你想什么呢?
Nǐ xiǎng shénme ne?

무엇을 생각하고 있어요?

呢呢呢呢呢呢呢

呢							
ne							

011

和
hé

접 ~와/과 전 ~와/과

爸爸和儿子
bàba hé érzi

아빠와 아들

和和和和和和和

和							
hé							

012

喂
wéi

감 여보세요

喂，是王先生吗？
Wéi, shì Wáng xiānsheng ma?

여보세요, 왕 선생님이세요?

丨口口口叩叩唱唱唱喂喂

喂								
wéi								

013

想
xiǎng

조동 ~하고 싶다, ~하려고 하다　동 생각하다

你想买什么水果？
Nǐ xiǎng mǎi shénme shuǐguǒ?

당신은 무슨 과일을 사고 싶어요？

想想想想想想想想想想想想想

想								
xiǎng								

014

会
huì

조동 ~을 할 줄 알다, ~할 것이다

爸爸会做菜。
Bàba huì zuò cài.

아빠는 요리를 할 줄 알아요.

会会会会会会

会								
huì								

015

能
néng

조동 ~할 수 있다

今天他能来吗？
Jīntiān tā néng lái ma?

오늘 그가 올 수 있나요？

能能能能能能能能能能

能								
néng								

무료MP3 바로듣기

01일 | 대사/동사 ①

🎧 2급 01일.mp3

001

您
nín

대 당신[你의 존칭]

您帮我看看。
Nín bāng wǒ kànkan.

당신이 저를 도와 좀 봐 주세요.

您您您您您您您您您您您

您 nín									

002

大家
dàjiā

대 여러분, 모든 사람

大家快点儿。
Dàjiā kuài diǎnr.

여러분 빨리요.

大大大　　家家家家家家家家家家

大 dà	家 jiā								

003

它
tā

대 그, 그것[사람 이외의 것을 가리킴]

它是我的小猫。
Tā shì wǒ de xiǎomāo.

그것은 내 고양이에요.

它它它它它

它 tā									

004

为什么
wèishénme

㈚ 왜, 어째서

你为什么这么高兴?
Nǐ wèishéme zhème gāoxìng?

당신 왜 이렇게 기뻐해요?

为为为为　　什什什什　　么么么

为	什	么					
wèi	shén	me					

005

每
měi

㈚ 매, 각, ~마다

你每天怎么去学校?
Nǐ měi tiān zěnme qù xuéxiào?

당신은 매일 어떻게 학교에 가나요?

每每每每每每每

每							
měi							

006

打篮球
dǎ lánqiú

농구를 하다

他正在打篮球。
Tā zhèngzài dǎ lánqiú.

그는 농구를 하고 있어요.

打打打打打　　篮篮篮篮篮篮篮篮篮篮篮篮篮篮篮篮　　球球球球球球球球球球球

打	篮	球					
dǎ	lán	qiú					

007

踢足球
tī zúqiú

축구를 하다

我们去踢足球吧。
Wǒmen qù tī zúqiú ba.

우리 축구하러 가요.

踢踢踢踢踢踢踢踢踢踢踢踢踢踢踢　　足足足足足足足　　球球球球球球球球球球球

踢	足	球					
tī	zú	qiú					

游泳
yóuyǒng

동 수영하다 명 수영

你会游泳吗?
Nǐ huì yóuyǒng ma?
당신은 수영할 줄 알아요?

游游游游游游游游游游游游　　泳泳泳泳泳泳泳

游 yóu	泳 yǒng						

跑步
pǎobù

동 달리다, 뛰다

妈妈每天去跑步。
Māma měi tiān qù pǎobù.
엄마는 매일 달리러 가요.

跑跑跑跑跑跑跑跑跑跑跑　　步步步步步步步

跑 pǎo	步 bù						

运动
yùndòng

동 운동하다 명 운동

我天天运动。
Wǒ tiāntiān yùndòng.
저는 매일 운동해요.

运运运运运运运　　动动动动动动

运 yùn	动 dòng						

唱歌
chànggē

동 노래를 부르다

妹妹爱唱歌。
Mèimei ài chànggē.
여동생은 노래 부르는 것을 좋아해요.

唱唱唱唱唱唱唱唱唱唱　　歌歌歌歌歌歌歌歌歌歌歌歌歌歌

唱 chàng	歌 gē						

012

跳舞
tiàowǔ

(동) 춤을 추다

女儿爱跳舞。

Nǚ'ér ài tiàowǔ.

딸은 춤 추는 것을 좋아해요.

跳 跳 跳 跳 跳 跳 跳 跳 跳 跳 跳 跳 跳　　舞 舞 舞 舞 舞 舞 舞 舞 舞 舞 舞 舞 舞 舞

跳	舞					
tiào	wǔ					

013

旅游
lǚyóu

(동) 여행하다

他去北京旅游。

Tā qù Běijīng lǚyóu.

그는 베이징에 여행하러 가요.

旅 旅 旅 旅 旅 旅 旅 旅 旅 旅　　游 游 游 游 游 游 游 游 游 游 游 游 游

旅	游					
lǚ	yóu					

014

休息
xiūxi

(동) 쉬다, 휴식하다

明天好好休息吧。

Míngtiān hǎohāo xiūxi ba.

내일 푹 쉬세요.

休 休 休 休 休 休　　息 息 息 息 息 息 息 息 息 息

休	息					
xiū	xi					

015

开始
kāishǐ

(동) 시작하다

电影开始了。

Diànyǐng kāishǐ le.

영화가 시작됐어요.

开 开 开 开　　始 始 始 始 始 始 始 始

开	始					
kāi	shǐ					

001

出
chū

(동) 나가다, 나오다, 나타나다

我们出去走走吧。
Wǒmen chūqu zǒuzou ba.
우리 나가서 좀 걸어요.

出 出 出 出 出

出 chū							

002

进
jìn

(동) (밖에서 안으로) 들다

请进，您找谁？
Qǐng jìn, nín zhǎo shéi?
들어오세요, 누구를 찾으세요?

进 进 进 井 进 进 进

进 jìn							

003

走
zǒu

(동) 가다, 걷다

你现在就走吗？
Nǐ xiànzài jiù zǒu ma?
당신 지금 벌써 가요?

走 走 走 走 走 走 走

走 zǒu							

004

到
dào

동 도착하다, 도달하다

我已经到了。
Wǒ yǐjīng dào le.
저는 이미 도착했어요.

到 到 到 到 到 到 到

到 dào								

005

卖
mài

동 팔다, 판매하다

鸡蛋卖完了。
Jīdàn mài wán le.
달걀이 다 팔렸어요.

卖 卖 卖 卖 卖 卖 卖 卖

卖 mài								

006

找
zhǎo

동 찾다

找不到铅笔
zhǎo bu dào qiānbǐ
연필을 찾을 수 없다

找 找 找 找 找 找

找 zhǎo								

007

送
sòng

동 선물하다, 바래다주다

送给你
sòng gěi nǐ
당신에게 선물하다

送 送 送 送 送 送 送 送

送 sòng								

008

等
děng

(동) 기다리다

请等一下。
Qǐng děng yíxià.
좀 기다려 주세요.

等等等等等等等等等等等

等									
děng									

009

起床
qǐchuáng

(동) 일어나다, 기상하다

明天早点儿起床。
Míngtiān zǎo diǎnr qǐchuáng.
내일 일찍 일어나세요.

起起起起起起起起起起   床床广床床床床

起	床						
qǐ	chuáng						

010

上班
shàngbān

(동) 출근하다

你星期六上班吗?
Nǐ xīngqīliù shàngbān ma?
당신 토요일에 출근해요?

上上上   班班班班班班班班班班

上	班						
shàng	bān						

011

洗
xǐ

(동) 빨다, 씻다

爸爸在洗衣服。
Bàba zài xǐ yīfu.
아빠가 옷을 빨고 있어요.

洗洗洗洗洗洗洗洗洗

洗									
xǐ									

012

穿
chuān

⑧ (옷·신발 등을) 입다, 신다

穿这件衣服怎么样?
Chuān zhè jiàn yīfu zěnmeyàng?
이 옷 입으니 어때요?

穿穿穿穿穿穿穿穿穿

穿								
chuān								

013

# 玩(儿)
wán(r)

⑧ 놀다

去朋友家玩儿
qù péngyou jiā wánr
친구 집에 가서 놀다

玩玩玩玩玩玩玩

玩								
wán								

014

笑
xiào

⑧ 웃다

你笑什么呢?
Nǐ xiào shénme ne?
왜 웃나요?

笑笑笑笑笑笑笑笑笑笑

笑								
xiào								

015

问
wèn

⑧ 묻다, 질문하다

有问题问老师。
Yǒu wèntí wèn lǎoshī.
문제가 있으면 선생님께 물어보세요.

问问问问问问

问								
wèn								

001

生病
shēngbìng

⑧ 병이 나다, 병에 걸리다

我女儿生病了。
Wǒ nǚ'ér shēngbìng le.
제 딸이 병이 났어요.

生生生生生　病病病病病病病病病病

生 shēng	病 bìng								

002

觉得
juéde

⑧ ~라고 생각하다, ~이라고 여기다

你觉得怎么样?
Nǐ juéde zěnmeyàng?
당신은 어떻게 생각하나요?

觉觉觉觉觉觉觉觉　得得得得得得得得得得得

觉 jué	得 de								

003

知道
zhīdào

⑧ 알다, 이해하다

你怎么知道的?
Nǐ zěnme zhīdào de?
어떻게 알았어요?

知知知知知知知知　道道道道道道道道道道道道

知 zhī	道 dào								

004

希望
xīwàng

⑧ 바라다, 희망하다

希望对你有帮助。
Xīwàng duì nǐ yǒu bāngzhù.
당신에게 도움이 되길 바라요.

希希希希希希希　　望望望望望望望望望望望

希	望							
xī	wàng							

005

说话
shuōhuà

⑧ 말하다, 이야기하다

谁在外面说话?
Shéi zài wàimian shuōhuà?
누가 밖에서 말하나요?

说说说说说说说说　　话话话话话话话话

说	话							
shuō	huà							

006

告诉
gàosu

⑧ 알리다, 말하다

我告诉你吧。
Wǒ gàosu nǐ ba.
내가 너에게 알려 줄게.

告告告告告告告　　诉诉诉诉诉诉诉

告	诉							
gào	su							

007

给
gěi

⑧ 주다 ⑳ ~에게

给我一张电影票。
Gěi wǒ yì zhāng diànyǐngpiào.
영화표 한 장 주세요.

给给给给给给给给给

给								
gěi								

介绍
jièshào

통 소개하다

我来介绍一下。
Wǒ lái jièshào yíxià.

제가 소개 좀 하겠습니다.

介介介介　绍绍绍绍绍绍绍绍

介	绍					
jiè	shào					

准备
zhǔnbèi

통 ~하려고 하다, 준비하다

我准备去买菜。
Wǒ zhǔnbèi qù mǎi cài.

저는 야채를 사러 가려고 해요.

准准准准准准准准准准　备备备备备备备

准	备					
zhǔn	bèi					

让
ràng

통 ~하게 하다

让我来回答。
Ràng wǒ lái huídá.

제가 대답하게 해 주세요.

让让让让让

让						
ràng						

懂
dǒng

통 알다, 이해하다

我没听懂。
Wǒ méi tīng dǒng.

저는 알아듣지 못 했어요.

懂懂懂懂懂懂懂懂懂懂懂懂懂懂懂

懂						
dǒng						

012

完
wán

⑧ 끝내다, 마치다

工作做完了。
Gōngzuò zuò wán le.
일을 다 끝냈어요.

完完完完完完完

完								
wán								

013

两
liǎng

㊌ 2, 둘, 두 개의

两张九点的票
liǎng zhāng jiǔ diǎn de piào
9시 표 두 장

两两两丙丙两两

两								
liǎng								

014

零
líng

㊌ 0, 영

二零一九年
èr líng yī jiǔ nián
2019년

零零零零零零零零零零零零零

零								
líng								

015

百
bǎi

㊌ 100, 백

三百多块
sānbǎi duō kuài
300위안 남짓

百百百百百百

百								
bǎi								

04일 | 수사 ②/양사/수량사/명사 ①

2급 04일.mp3

001

千
qiān
㊀ 1000, 천

一千多个学生
yìqiān duō ge xuésheng
학생 1000여 명

千千千

千 qiān									

002

第一
dì-yī
㊀ 제1, 첫 번째

第一次来北京
dì-yī cì lái Běijīng
베이징에 처음 오다

第第第第第第第第第第第 一

第 dì	一 yī										

003

件
jiàn
㊁ 벌, 건[옷, 일 등을 세는 단위]

这件衣服怎么样?
Zhè jiàn yīfu zěnmeyàng?
이 옷 (한 벌) 어때요?

件件件件件件

件 jiàn									

004

次
cì

양 번, 회, 차례

下次我们一起去吧。
Xià cì wǒmen yìqǐ qù ba.
다음 번에 우리 같이 가요.

次次次次次次

次 cì								

005

一下
yíxià

수량 좀 ~해보다

米饭可以热一下吗?
Mǐfàn kěyǐ rè yíxià ma?
밥을 좀 데워 주실 수 있나요?

一　下下下

一 yī	下 xià						

006

姐姐
jiějie

명 누나, 언니

姐姐在家里。
Jiějie zài jiā li.
누나는 집에 있어요.

姐姐姐姐姐姐姐姐　姐姐姐姐姐姐姐姐

姐 jiě	姐 jie						

007

妹妹
mèimei

명 여동생

妹妹在笑着。
Mèimei zài xiàozhe.
여동생은 웃고 있어요.

妹妹妹妹妹妹妹妹　妹妹妹妹妹妹妹妹

妹 mèi	妹 mei						

哥哥
gēge

电脑是哥哥的。
Diànnǎo shì gēge de.

명 오빠, 형

컴퓨터는 오빠 것이에요.

哥哥哥哥哥哥哥哥哥哥　　哥哥哥哥哥哥哥哥哥哥

哥	哥				
gē	ge				

弟弟
dìdi

明天是弟弟的生日。
Míngtiān shì dìdi de shēngrì.

명 남동생

내일은 남동생의 생일이에요.

弟弟弟弟弟弟弟　　弟弟弟弟弟弟弟

弟	弟				
dì	di				

孩子
háizi

我有两个孩子。
Wǒ yǒu liǎng ge háizi.

명 아이, 애, 자식

저는 아이가 두 명 있어요.

孩孩孩孩孩孩孩孩孩　　了了子

孩	子				
hái	zi				

丈夫
zhàngfu

这是我的丈夫。
Zhè shì wǒ de zhàngfu.

명 남편

이 분은 제 남편이에요.

丈丈丈　　丈夫夫夫

丈	夫				
zhàng	fu				

012

妻子
qīzi

명 아내, 부인

妻子喜欢喝咖啡。

Qīzi xǐhuan hē kāfēi.

아내는 커피 마시는 것을 좋아해요.

妻妻妻妻妻妻妻妻　了了子

妻 qī	子 zi						

013

男
nán

명 남자, 남성

男的来找谁?

Nán de lái zhǎo shéi?

남자는 누구를 찾아 왔는가?

男男男男男男男

男 nán							

014

女
nǚ

명 여자, 여성

女的昨天怎么了?

Nǚ de zuótiān zěnmele?

여자는 어제 무슨 일이 있었는가?

女女女

女 nǚ							

015

鸡蛋
jīdàn

명 달걀

今天的鸡蛋很便宜。

Jīntiān de jīdàn hěn piányi.

오늘 달걀이 싸요.

鸡鸡鸡鸡鸡鸡鸡鸡　蛋蛋蛋蛋蛋蛋蛋蛋蛋蛋蛋

鸡 jī	蛋 dàn						

🎧 2급 05일.mp3

001

西瓜
xīguā

명 수박

西瓜多少钱一斤?
Xīguā duōshao qián yì jīn?

수박은 한 근에 얼마입니까?

西西西西西西　　瓜瓜瓜瓜瓜

西	瓜							
xī	guā							

002

鱼
yú

명 생선, 물고기

小猫爱吃小鱼。
Xiǎomāo ài chī xiǎoyú.

고양이는 생선 먹는 것을 좋아해요.

鱼鱼鱼鱼鱼鱼鱼鱼

鱼								
yú								

003

面条
miàntiáo

명 국수

我们去吃面条。
Wǒmen qù chī miàntiáo.

우리는 국수를 먹으러 간다.

面面面面面面面面面　　条条条条条条条

面	条							
miàn	tiáo							

004

牛奶
niúnǎi

명 우유

他喝两杯牛奶。
Tā hē liǎng bēi niúnǎi.
그는 우유 두 잔을 마셔요.

牛牛牛牛　　奶奶奶奶奶

牛	奶						
niú	nǎi						

005

咖啡
kāfēi

명 커피

早上喝一杯咖啡。
Zǎoshang hē yì bēi kāfēi.
아침에 커피 한 잔을 마셔요.

咖咖咖咖咖咖咖咖　　啡啡啡咋咋咋啡啡啡啡啡

咖	啡						
kā	fēi						

006

羊肉
yángròu

명 양고기

少吃羊肉，多吃菜。
Shǎo chī yángròu, duō chī cài.
양고기를 적게 먹고, 야채를 많이 먹어요.

羊羊羊羊羊羊　　肉肉肉肉肉肉

羊	肉						
yáng	ròu						

007

报纸
bàozhǐ

명 신문

今天的报纸呢?
Jīntiān de bàozhǐ ne?
오늘 신문은요?

报报报报报报报　　纸纸纸纸纸纸纸

报	纸						
bào	zhǐ						

008

公司
gōngsī

명 회사

在公司工作
zài gōngsī gōngzuò

회사에서 일하다

公公公公　司司司司司

公 gōng	司 sī					

009

手机
shǒujī

명 휴대폰

手机的颜色不好看。
Shǒujī de yánsè bù hǎokàn.

휴대폰 색깔이 안 예뻐요.

手手手手　机机机机机机

手 shǒu	机 jī					

010

手表
shǒubiǎo

명 손목시계

这是新买的手表。
Zhè shì xīn mǎi de shǒubiǎo.

이것은 새로 산 손목시계예요.

手手手手　表表表表表表表表

手 shǒu	表 biǎo					

011

火车站
huǒchēzhàn

명 기차역

火车站怎么走?
Huǒchēzhàn zěnme zǒu?

기차역에 어떻게 가요?

火火火火　车车车车　站站站站站站站站站站

火 huǒ	车 chē	站 zhàn				

012

公共汽车
gōnggòng qìchē
명 버스

坐公共汽车
zuò gōnggòng qìchē
버스를 타다

公公公公　　共共共共共　　汽汽汽汽汽汽　　车车车车

公 gōng	共 gòng	汽 qì	车 chē					

013

机场
jīchǎng
명 공항

送我去机场。
Sòng wǒ qù jīchǎng.
저를 공항에 데려다 주세요.

机机机机机　　场场场场场

机 jī	场 chǎng							

014

票
piào
명 표, 티켓

买火车票
mǎi huǒchēpiào
기차표를 사다

票票票票票票票票票票票

票 piào								

015

左边
zuǒbian
명 왼쪽

左边的那个字
zuǒbian de nàge zì
왼쪽에 있는 그 글씨

左左左左左　　边边边边边

左 zuǒ	边 bian							

001

右边
yòubian
명 오른쪽

医院的右边
yīyuàn de yòubian
병원 오른쪽

右右右右右　边边边边边

右 yòu	边 bian							

002

旁边
pángbiān
명 옆, 근처, 부근

手表在手机旁边。
Shǒubiǎo zài shǒujī pángbiān.
손목시계는 휴대폰 옆에 있어요.

旁旁旁旁旁旁旁旁旁旁　边边边边边

旁 páng	边 biān							

003

路
lù
명 길, 도로

路上车太多了。
Lù shang chē tài duō le.
길 위에 차가 너무 많아요.

路路路路路路路路路路路路路

路 lù							

004

外
wài

명 밖, 겉, 바깥쪽

外面在下大雨。
Wàimian zài xià dà yǔ.

밖에 비가 많이 내려요.

外 外 外 外 外

外 wài								

005

日
rì

명 일, 날

明天是四月三日。
Míngtiān shì sì yuè sān rì.

내일은 4월 3일이에요.

日 日 日 日

日 rì								

006

生日
shēngrì

명 생일

我的生日在1月。
Wǒ de shēngrì zài yī yuè.

제 생일은 1월이에요.

生 生 生 生 生　　日 日 日 日

生 shēng	日 rì							

007

早上
zǎoshang

명 아침

这是早上的报纸吗?
Zhè shì zǎoshang de bàozhǐ ma?

이것은 아침 신문이에요?

早 早 早 早 早 早　　上 上 上

早 zǎo	上 shang							

晚上
wǎnshang
몡 저녁

晚上没睡好。
Wǎnshang méi shuì hǎo.
저녁에 잘 못 잤어요.

晚日日的的的的的晚晚晚　　上上上

晚	上								
wǎn	shang								

小时
xiǎoshí
몡 시간[시간의 단위]

慢跑一个小时
mànpǎo yí ge xiǎoshí
한 시간 동안 천천히 뛰다

小小小　　时时日日时时时

小	时								
xiǎo	shí								

时间
shíjiān
몡 시간

时间很晚了。
Shíjiān hěn wǎn le.
시간이 늦었어요.

时日日时时时　　间门门间间间间

时	间								
shí	jiān								

去年
qùnián
몡 작년

我是去年来中国的。
Wǒ shì qùnián lái Zhōngguó de.
저는 작년에 중국에 왔어요.

去去去去去　　年年年年年年

去	年								
qù	nián								

012

宾馆
bīnguǎn
명 호텔

住这个宾馆吧。
Zhù zhège bīnguǎn ba.
이 호텔에 묵자.

宾宾宾宾宾宾宾宾宾　　馆馆馆馆馆馆馆馆馆馆馆

宾	馆						
bīn	guǎn						

013

房间
fángjiān
명 방

这是你的房间。
Zhè shì nǐ de fángjiān.
이건 네 방이야.

房房房房房房房房　　间间间间间间间

房	间						
fáng	jiān						

014

服务员
fúwùyuán
명 종업원

他是服务员。
Tā shì fúwùyuán.
그는 종업원이에요.

服服服服服服服服　　务务务务务务　　员员员员员员员

服	务	员			
fú	wù	yuán			

015

门
mén
명 문

饭馆儿开门了。
Fànguǎnr kāi mén le.
식당이 문을 열었어요.

门门门

门							
mén							

001

雪
xuě
명 눈

今年还没下雪。
Jīnnián hái méi xià xuě.
올해는 아직 눈이 내리지 않았어요.

雪雪雪雪雪雪雪雪雪雪雪

雪 xuě							

002

意思
yìsi
명 뜻, 의미

这个字是什么意思?
Zhège zì shì shénme yìsi?
이 글자는 무슨 뜻이에요?

意意意意意意意意意意意意意   思思思思思思思思思

意 yì	思 sī						

003

考试
kǎoshì
명 시험 동 시험을 보다(치다)

考试几点开始?
Kǎoshì jǐ diǎn kāishǐ?
시험은 몇 시에 시작해요?

考考考考考考   试试试试试试试试

考 kǎo	试 shì						

课
kè

명 수업, 강의

今天不去上课。
Jīntiān bú qù shàngkè.

오늘은 수업을 들으러 가지 않아요.

课课课课课课课课课

课								
kè								

教室
jiàoshì

명 교실

他在教室考试。
Tā zài jiàoshì kǎoshì.

그는 교실에서 시험을 봐요.

教教教教教教教教教   室室室室室室室室室

教	室							
jiào	shì							

铅笔
qiānbǐ

명 연필

铅笔在桌子上。
Qiānbǐ zài zhuōzi shang.

연필은 책상 위에 있어요.

铅铅铅铅铅铅铅铅铅   笔笔笔笔笔笔笔笔笔笔

铅	笔							
qiān	bǐ							

题
tí

명 문제

你会做这个题吗?
Nǐ huì zuò zhège tí ma?

이 문제 풀 수 있어요?

题题题题题题题题题题题题题题题

题								
tí								

008

问题
wèntí

명 문제, 질문

没问题。
Méi wèntí.

문제없어요.

问 问 门 问 问 问　　题 题 题 题 是 是 是 是 题 题 题 题 题

问	题							
wèn	tí							

009

身体
shēntǐ

명 몸, 신체

现在身体怎么样?
Xiànzài shēntǐ zěnmeyàng?

지금 몸은 어때요?

身 身 勹 自 身 身 身　　体 体 亻 什 休 休 体

身	体							
shēn	tǐ							

010

眼睛
yǎnjing

명 눈

你的眼睛很红。
Nǐ de yǎnjing hěn hóng.

당신 눈이 빨개요.

眼 眼 眼 眼 眼 眼 眼 眼 眼 眼 眼　　睛 睛 睛 睛 睛 睛 睛 睛 睛 睛 睛 睛

眼	睛							
yǎn	jing							

011

事情
shìqíng

명 일, 사건

你有什么事情?
Nǐ yǒu shénme shìqíng?

당신 무슨 일 있어요?

事 事 事 事 写 事 事 事　　情 情 情 情 情 情 情 情 情 情 情

事	情							
shì	qíng							

012

帮助
bāngzhù

명 도움 동 돕다

对学习很有帮助。
Duì xuéxí hěn yǒu bāngzhù.

공부에 매우 도움이 돼요.

帮帮帮帮帮帮帮帮帮　助助助助助助助

帮	助						
bāng	zhù						

013

药
yào

명 약

这个药怎么吃？
Zhège yào zěnme chī?

이 약은 어떻게 먹어요?

药药药药药药药药药

药							
yào							

014

姓
xìng

명 성, 성씨 동 성이 ~이다

您贵姓？
Nín guì xìng?

성(함)이 어떻게 되세요?

姓姓姓姓姓姓姓姓

姓							
xìng							

015

颜色
yánsè

명 색깔, 색

颜色不好看。
Yánsè bù hǎokàn.

색깔이 안 예뻐요.

颜颜颜颜颜颜颜颜颜颜颜颜颜颜颜　色色色色色色

颜	色						
yán	sè						

001

好吃
hǎochī
형 맛있다

你做的菜最好吃。
Nǐ zuò de cài zuì hǎochī.
당신이 만든 요리가 가장 맛있어요.

好好好好好好　吃吃吃吃吃吃

好	吃							
hǎo	chī							

002

忙
máng
형 바쁘다

这几天有点儿忙。
Zhè jǐ tiān yǒudiǎnr máng.
요 며칠 조금 바빠요.

忙忙忙忙忙忙

忙							
máng							

003

累
lèi
형 피곤하다, 지치다

累不累?
Lèi bu lèi?
피곤해요?

累累累累累累累累累累累

累							
lèi							

004

贵
guì

형 비싸다

飞机票太贵了。
Fēijīpiào tài guì le.

비행기 표가 너무 비싸요.

贵贵贵贵贵贵贵贵

贵 guì								

005

便宜
piányi

형 (값이) 싸다

水果真便宜!
Shuǐguǒ zhēn piányi!

과일이 정말 싸네요!

便便便便便便便便　　宜宜宜宜宜宜宜宜

便 pián	宜 yi							

006

红
hóng

형 빨갛다, 붉다

红色的衣服
hóngsè de yīfu

빨간색 옷

红红红红红红

红 hóng								

007

黑
hēi

형 어둡다, 까맣다

天黑了。
Tiān hēi le.

날이 어두워졌어요.

黑黑黑黑黑黑黑黑黑黑黑黑

黑 hēi								

008

白
bái

® 희다, 하얗다

有白色的吗?
Yǒu báisè de ma?

흰색 있어요?

白白白白

白 bái								

009

长
cháng

® 길다

长时间看手机
cháng shíjiān kàn shǒujī

긴 시간동안 휴대폰을 보다

长长长长

长 cháng								

010

高
gāo

® (키가) 크다, 높다

你们谁最高?
Nǐmen shéi zuì gāo?

너희들 중에 누가 제일 크니?

高高高高高高高高高高

高 gāo								

011

远
yuǎn

® 멀다

这儿离学校很远。
Zhèr lí xuéxiào hěn yuǎn.

이곳은 학교에서 멀어요.

远远远远远远远

远 yuǎn								

012

近
jìn

형 가깝다

离学校很近
lí xuéxiào hěn jìn
학교에서 가깝다

近 丘 斤 斤 近 近 近

近 jìn							

013

快
kuài

형 빠르다 부 빨리, 곧, 어서

快点儿去睡觉。
Kuài diǎnr qù shuìjiào.
빨리 자러 가렴.

快 快 快 忄 忄 快 快

快 kuài							

014

慢
màn

형 느리다

我的手表慢了。
Wǒ de shǒubiǎo màn le.
제 손목시계가 느려졌어요.

慢 慢 慢 忄 忄 忄 慢 慢 慢 慢 慢 慢

慢 màn							

015

晴
qíng

형 (하늘이) 맑다

天晴了
tiān qíng le
날이 맑아졌다

晴 晴 晴 日 旷 旷 晴 晴 晴 晴 晴

晴 qíng							

001

阴
yīn

형 (하늘이) 흐리다

天阴了
tiān yīn le
날이 흐려졌다

阝阝阴阴阴阴

阴							
yīn							

002

快乐
kuàilè

형 행복하다, 즐겁다

他非常快乐。
Tā fēicháng kuàilè.
그는 매우 행복해요.

快快快忄忄快快 乐乐乐乐乐

快	乐						
kuài	lè						

003

对
duì

형 맞다, 옳다

对，她是我妹妹。
Duì, tā shì wǒ mèimei.
맞아요, 그녀는 제 여동생이에요.

对对对对对

对							
duì							

004

错
cuò

형 틀리다, 맞지 않다

我写错名字了。
Wǒ xiě cuò míngzi le.

제가 이름을 틀리게 썼어요.

错错错错错错错错错错错错

错								
cuò								

005

也
yě

부 ~도, 또한

我也住北京饭店。
Wǒ yě zhù Běijīng fàndiàn.

저도 베이징 호텔에 묵어요.

也也也

也								
yě								

006

非常
fēicháng

부 아주, 매우

菜非常好吃。
Cài fēicháng hǎochī.

요리가 아주 맛있어요.

非非非非非非非非　　常常常常常常常常常常

非	常							
fēi	cháng							

007

真
zhēn

부 정말, 진짜로

房间真漂亮!
Fángjiān zhēn piàoliang!

방이 정말 예뻐요!

真真真真真真真真真真

真								
zhēn								

008

正在
zhèngzài

(부) ~하는 중이다

爸爸正在洗菜。
Bàba zhèngzài xǐ cài.

아빠는 야채를 씻고 있는 중이에요.

正正正正正　在在在在在在

正 zhèng	在 zài						

009

已经
yǐjīng

(부) 이미, 벌써

车已经来了。
Chē yǐjīng lái le.

차가 이미 왔어요.

已已已　　经经经经经经经经

已 yǐ	经 jīng						

010

一起
yìqǐ

(부) 같이, 함께

一起去踢球吧。
Yìqǐ qù tī qiú ba.

같이 축구하러 가요.

一　　起起起起起起起起起起

一 yì	起 qǐ						

011

新
xīn

(부) 새로 (형) 새롭다

我是新来的学生。
Wǒ shì xīn lái de xuésheng.

저는 새로 온 학생이에요.

新新新新新新新新新新新新新

新 xīn							

012

还
hái

(부) 아직, 여전히, 또, 더

你怎么还在睡觉?
Nǐ zěnme hái zài shuìjiào?

너 왜 아직 자고 있어?

还还还不还还还

还 hái							

013

再
zài

(부) 다시, 재차

明天再去吧。
Míngtiān zài qù ba.

내일 다시 가요.

再再再再再

再 zài							

014

就
jiù

(부) 바로, 곧

他就是我的爸爸。
Tā jiù shì wǒ de bàba.

그가 바로 제 아빠예요.

就就就就就京京就就就就就

就 jiù							

015

别
bié

(부) ~하지 마라

别说话。
Bié shuōhuà.

말하지 마세요.

别别别别别别别

别 bié							

001

最
zuì
(부) 가장, 제일

北京一月最冷。
Běijīng yī yuè zuì lěng.
베이징은 1월이 가장 추워요.

最最最最最最最最最最最

最							
zuì							

002

吧
ba
(조) [문장 끝에 쓰여 청유·명령·추측을 나타냄]

我们去吧。
Wǒmen qù ba.
우리 갑시다.

吧吧吧吧吧吧吧

吧							
ba							

003

过
guo
(조) ~한 적이 있다[동작의 완료·경험을 나타냄]

她去过北京。
Tā qùguo Běijīng.
그녀는 베이징에 가 본 적이 있어요.

过过过过过过

过							
guo							

004

着
zhe

조 ~하고 있다, ~한 채로 있다[동작의 지속을 나타냄]

他们都在笑着。
Tāmen dōu zài xiàozhe.
그들은 모두 웃고 있어요.

着着着着着着着着着着着

着 zhe								

005

得
de

조 [술어와 정도보어를 연결함]

汉语说得很好。
Hànyǔ shuō de hěn hǎo.
중국어를 잘 하네요.

得得得得得得得得得得得

得 de								

006

从
cóng

전 ~부터, ~에서

我从小喜欢跳舞。
Wǒ cóngxiǎo xǐhuan tiàowǔ.
저는 어릴 때 부터 춤 추는 것을 좋아했어요.

从从从从

从 cóng								

007

离
lí

전 ~에서, ~(으)로부터

家离这儿很近
jiā lí zhèr hěn jìn
집은 여기에서 가깝다

离离离离离离离离离离

离 lí								

008

往
wǎng

[전] ~쪽으로, ~을 향해

往前走
wǎng qián zǒu

앞쪽으로 가다

往 往 往 往 往 往

往							
wǎng							

009

对
duì

[전] ~에 (대해), ~에게

对身体好
duì shēntǐ hǎo

몸에 좋다

对 对 对 对 对

对							
duì							

010

比
bǐ

[전] ~보다

我比你大。
Wǒ bǐ nǐ dà.

내가 너보다 나이가 많아.

比 比 比 比

比							
bǐ							

011

要
yào

[조동] ~하려고 하다, ~할 것이다 [동] 원하다

我明天要坐飞机。
Wǒ míngtiān yào zuò fēijī.

저는 내일 비행기를 타려고 해요.

要 要 要 要 要 要 要 要

要							
yào							

012

可能
kěnéng

[조동] 아마도 (~일 것이다)

可能要下雨了。
Kěnéng yào xià yǔ le.

아마도 비가 오려나 봐요.

可 可 可 可 可　　能 能 能 能 能 能 能 能 能 能

可	能				
kě	néng				

013

可以
kěyǐ

[조동] ~해도 된다, ~할 수 있다

明天给你可以吗?
Míngtiān gěi nǐ kěyǐ ma?

내일 드려도 돼요?

可 可 可 可　　以 以 以 以

可	以				
kě	yǐ				

014

因为……, 所以……
yīnwèi……, suǒyǐ……

[접] ~하기 때문에, 그래서 ~하다

因为下雨, 所以来晚了。
Yīnwèi xià yǔ, suǒyǐ lái wǎn le.

비가 오기 때문에, 그래서 늦게 왔어요.

因 因 因 因 因　　为 为 为 为　　所 所 所 所 所 所 所 所　　以 以 以 以

因	为	所	以		
yīn	wèi	suǒ	yǐ		

015

虽然……, 但是……
suīrán……, dànshì……

[접] 비록 ~일지라도, 그러나 ~하다

虽然很贵, 但是很漂亮。
Suīrán hěn guì, dànshì hěn piàoliang.

비록 비싸지만, 그러나 예뻐요.

虽 虽 虽 虽 虽 虽 虽 虽 虽　　然 然 然 然 然 然 然 然 然 然 然 然　　但 但 但 但 但 但 但　　是 是 是 是 是 是 是 是 是

虽	然	但	是		
suī	rán	dàn	shì		

🎧 2급에 출제되는 3급 어휘.mp3

무료MP3 바로듣기

001

回答
huídá

동 대답하다

我来回答问题。
Wǒ lái huídá wèntí.
제가 문제에 대답해 볼게요.

002

试
shì

동 시험하다, 시험 삼아 해 보다

试一试。
Shì yi shì.
입어 보세요.(시도해 보세요.)

003

欢迎
huānyíng

동 환영하다

欢迎下次再来。
Huānyíng xià cì zài lái.
다음에 다시 오시는 것을 환영합니다.

004

过去
guòqu

동 (지나)가다, 지나다

我们过去看看。
Wǒmen guòqu kànkan.
우리 가서 한번 봐요.

005

张
zhāng

양 장[종이·책상 등을 세는 단위]

笑一笑，再来一张。
Xiào yi xiào, zài lái yì zhāng.
웃어보세요, 한 장 더 찍을게요.

006

元
yuán

양 위안[중국 화폐 단위]

这个卖100元。
Zhège mài yìbǎi yuán.
이것은 100위안에 팔아요.

007

分
fēn

양 분[시간]

现在快五点十分了。
Xiànzài kuài wǔ diǎn shí fēn le.
이제 곧 5시 10분이 돼요.

008

公斤
gōngjīn

양 킬로그램(kg)

我少了三公斤。
Wǒ shǎole sān gōngjīn.
저는 3킬로그램이 빠졌어요.

009

只
zhī

양 마리, 쪽

一只黑色小狗
yì zhī hēisè xiǎogǒu
까만색 강아지 한 마리

010

一会儿
yíhuìr

수량 잠시, 곧

再等一会儿。
Zài děng yíhuìr.
잠시만 더 기다리세요.

011

自行车
zìxíngchē

명 자전거

我买了新自行车。
Wǒ mǎile xīn zìxíngchē.
저는 새 자전거를 샀어요.

012

站
zhàn

📖 정거장, 역

车站就在前面。

Chēzhàn jiù zài qiánmian.

정거장은 바로 앞에 있어요.

013

船
chuán

📖 배, 선박

我第一次坐船。

Wǒ dì-yī cì zuò chuán.

저는 배를 처음 타 봐요.

014

别人
biérén

📖 다른 사람, 타인

这是送别人的。

Zhè shì sòng biérén de.

이것은 다른 사람에게 선물하는 것이에요.

015

最后
zuìhòu

📖 마지막의 📖 최후, 끝

这是最后一件。

Zhè shì zuìhòu yí jiàn.

이것은 마지막 한 벌이에요.

016

先
xiān

📖 먼저, 우선

你先喝水。

Nǐ xiān hē shuǐ.

먼저 물을 마셔요.

017

还是
háishi

📖 아직도, 여전히

现在还是晚上。

Xiànzài háishi wǎnshang.

지금은 아직도 저녁이에요.

啊
a
조 [문장 끝에 쓰여 긍정·감탄을 나타냄]

人很多啊!
Rén hěn duō a!
사람이 참 많네요!

向
xiàng
전 ~으로, ~을 향해

你向左走。
Nǐ xiàng zuǒ zǒu.
왼쪽으로 가세요.

把
bǎ
전 ~을(를)

把名字写在这儿。
Bǎ míngzi xiě zài zhèr.
이름을 여기에 쓰세요.

HSK 1급 필수어휘 150

A

☐	爱	ài	图 좋아하다, 사랑하다

B

☐	八	bā	囹 8, 여덟
☐	爸爸	bàba	圆 아빠, 아버지
☐	杯子	bēizi	圆 컵, 잔
☐	北京	Běijīng	迵 베이징, 북경[중국의 수도]
☐	本	běn	圀 권[책을 세는 단위]
☐	不	bù	阊 [동사·형용사·부사 앞에서 부정을 나타냄]
☐	不客气	búkèqi	천만에요, 별 말씀을요

C

☐	菜	cài	圆 요리, 음식, 채소, 반찬
☐	茶	chá	圆 차
☐	吃	chī	图 먹다
☐	出租车	chūzūchē	圆 택시

D

☐	打电话	dǎ diànhuà	전화를 하다, 전화를 걸다
☐	大	dà	阌 크다, (나이·수량이) 많다
☐	的	de	図 [관형어와 주어·목적어를 연결함]
☐	点	diǎn	圀 시(時)
☐	电脑	diànnǎo	圆 컴퓨터
☐	电视	diànshì	圆 텔레비전
☐	电影	diànyǐng	圆 영화
☐	东西	dōngxi	圆 물건, 것
☐	都	dōu	阊 모두, 다
☐	读	dú	图 읽다, 공부하다
☐	对不起	duìbuqǐ	图 죄송합니다, 미안합니다
☐	多	duō	阌 많다 呰 얼마나[정도·수량을 물음] 囹 남짓, 여
☐	多少	duōshao	呰 얼마, 몇

E

☐	儿子	érzi	圆 아들
☐	二	èr	囹 2, 둘

F

☐	饭店	fàndiàn	圆 식당, 호텔

☐	飞机	fēijī	명 비행기
☐	分钟	fēnzhōng	명 분

G

☐	高兴	gāoxìng	형 기쁘다, 즐겁다
☐	个	gè	양 개, 명
☐	工作	gōngzuò	동 일하다 명 일, 직업
☐	狗	gǒu	명 개, 강아지

H

☐	汉语	Hànyǔ	고유 중국어, 한어
☐	好	hǎo	형 좋다
☐	号	hào	양 일[날짜를 가리킴] 명 번호
☐	喝	hē	동 마시다
☐	和	hé	접 ~와/과 전 ~와/과
☐	很	hěn	부 매우, 대단히
☐	后面	hòumian	명 뒤, 뒤쪽
☐	回	huí	동 돌아오다, 돌아가다
☐	会	huì	조동 ~을 할 줄 알다, ~할 것이다

J

☐	几	jǐ	대 몇 수 몇[1부터 10까지의 불특정한 수]
☐	家	jiā	명 집, 가정 양 [집·가게를 세는 단위]
☐	叫	jiào	동 ~이라고 하다, 부르다
☐	今天	jīntiān	명 오늘
☐	九	jiǔ	수 9, 아홉

K

☐	开	kāi	동 운전하다, 열다, 켜다
☐	看	kàn	동 보다
☐	看见	kànjiàn	동 보다, 보이다
☐	块	kuài	양 위안[중국 화폐 단위], 조각, 개[시계 등을 세는 단위]

L

☐	来	lái	동 오다
☐	老师	lǎoshī	명 선생님
☐	了	le	조 [동작 또는 변화가 완료되었음을 나타냄]
☐	冷	lěng	형 춥다, 차다
☐	里	lǐ	명 안, 안쪽, 내부
☐	六	liù	수 6, 여섯

M

☐	吗	ma	조 [문장 끝에 쓰여 의문의 어기를 나타냄]
☐	妈妈	māma	명 엄마, 어머니
☐	买	mǎi	동 사다, 구매하다
☐	猫	māo	명 고양이
☐	没关系	méi guānxi	괜찮다, 상관 없다
☐	没有	méiyǒu	동 없다 부 ~않다
☐	米饭	mǐfàn	명 밥, 쌀밥
☐	明天	míngtiān	명 내일
☐	名字	míngzi	명 이름

N

☐	哪	nǎ	대 어느
☐	哪儿	nǎr	대 어디
☐	那	nà	대 저, 그, 그곳
☐	呢	ne	조 [문장의 끝에 쓰여 동작이나 상태가 계속되고 있음을 나타내거나 의문의 어기를 나타냄]
☐	能	néng	조동 ~할 수 있다
☐	你	nǐ	대 당신, 너
☐	年	nián	명 해, 년
☐	女儿	nǚ'ér	명 딸

P

☐	朋友	péngyou	명 친구
☐	漂亮	piàoliang	형 예쁘다
☐	苹果	píngguǒ	명 사과

Q

☐	七	qī	수 7, 일곱
☐	钱	qián	명 돈
☐	前面	qiánmian	명 앞, 앞쪽
☐	请	qǐng	동 ~해주세요, 청하다, 대접하다
☐	去	qù	동 가다

R

☐	热	rè	형 덥다, 뜨겁다
☐	人	rén	명 사람
☐	认识	rènshi	동 알다

S

☐	三	sān	수 3, 셋

□	商店	shāngdiàn	몡 상점
□	上	shàng	몡 위, (시간 등의) 지난
□	上午	shàngwǔ	몡 오전
□	少	shǎo	혱 (수량이) 적다
□	谁	shéi	団 누구
□	什么	shénme	団 무엇, 무슨
□	十	shí	仝 10, 열
□	时候	shíhou	몡 때, 시간, 무렵
□	是	shì	동 ~이다
□	书	shū	몡 책
□	水	shuǐ	몡 물
□	水果	shuǐguǒ	몡 과일
□	睡觉	shuìjiào	동 잠을 자다
□	说	shuō	동 말하다
□	四	sì	仝 4, 넷
□	岁	suì	양 살, 세[나이를 셀 때 쓰임]

T

□	她	tā	団 그녀, 그 여자
□	他	tā	団 그, 그 사람
□	太	tài	閔 너무, 아주
□	天气	tiānqì	몡 날씨
□	听	tīng	동 듣다
□	同学	tóngxué	몡 학우, 동창

W

□	喂	wéi	캄 여보세요
□	我	wǒ	団 나, 저
□	我们	wǒmen	団 우리(들)
□	五	wǔ	仝 5, 다섯

X

□	喜欢	xǐhuan	동 좋아하다
□	下	xià	몡 아래, 밑, 다음 동 내리다
□	下午	xiàwǔ	몡 오후
□	下雨	xià yǔ	비가 내리다
□	先生	xiānsheng	몡 선생님[성인 남성에 대한 경칭], 남편
□	现在	xiànzài	몡 지금, 현재

☐	想	xiǎng	조동 ~하고 싶다, ~하려고 하다 동 생각하다
☐	小	xiǎo	형 작다, (나이, 수량이) 적다
☐	小姐	xiǎojiě	명 아가씨[성인 여성에 대한 경칭]
☐	些	xiē	양 몇, 약간, 조금[적은 수량을 나타냄]
☐	写	xiě	동 쓰다, 적다
☐	谢谢	xièxie	동 감사합니다, 고맙습니다
☐	星期	xīngqī	명 주, 요일
☐	学生	xuésheng	명 학생
☐	学习	xuéxí	동 배우다, 공부하다, 학습하다
☐	学校	xuéxiào	명 학교

Y

☐	一	yī	수 1, 하나
☐	衣服	yīfu	명 옷
☐	医生	yīshēng	명 의사
☐	医院	yīyuàn	명 병원
☐	椅子	yǐzi	명 의자
☐	一点儿	yìdiǎnr	수량 조금, 약간[불확정적인 수량을 나타냄]
☐	有	yǒu	동 있다, 소유하다
☐	月	yuè	명 월, 달

Z

☐	在	zài	동 ~에 있다 전 ~에서 부 ~하고 있는 중이다
☐	再见	zàijiàn	동 안녕히 계세요, 안녕히 가세요
☐	怎么	zěnme	대 어떻게, 어째서
☐	怎么样	zěnmeyàng	대 어떠한가, 어떻다
☐	这	zhè	대 이것, 이
☐	中国	Zhōngguó	고유 중국, 중화인민공화국
☐	中午	zhōngwǔ	명 점심, 정오
☐	住	zhù	동 살다, 묵다
☐	桌子	zhuōzi	명 탁자, 책상, 테이블
☐	字	zì	명 글자, 글씨
☐	昨天	zuótiān	명 어제
☐	做	zuò	동 하다, 만들다
☐	坐	zuò	동 타다, 앉다

HSK 2급 필수어휘 150

B

☐	吧	ba	조 [문장 끝에 쓰여 청유·명령·추측을 나타냄]
☐	白	bái	형 희다, 하얗다
☐	百	bǎi	수 100, 백
☐	帮助	bāngzhù	명 도움 동 돕다
☐	报纸	bàozhǐ	명 신문
☐	比	bǐ	전 ~보다
☐	别	bié	부 ~하지 마라
☐	宾馆	bīnguǎn	명 호텔

C

☐	长	cháng	형 길다
☐	唱歌	chànggē	동 노래를 부르다
☐	出	chū	동 나가다, 나오다, 나타나다
☐	穿	chuān	동 (옷·신발 등을) 입다, 신다
☐	次	cì	양 번, 회, 차례
☐	从	cóng	전 ~부터, ~에서
☐	错	cuò	형 틀리다, 맞지 않다

D

☐	打篮球	dǎ lánqiú	농구를 하다
☐	大家	dàjiā	대 여러분, 모든 사람
☐	到	dào	동 도착하다, 도달하다
☐	得	de	조 [술어와 정도보어를 연결함]
☐	等	děng	동 기다리다
☐	弟弟	dìdi	명 남동생
☐	第一	dì-yī	수 제1, 첫 번째
☐	懂	dǒng	동 알다, 이해하다
☐	对	duì	형 맞다, 옳다
☐	对	duì	전 ~에 (대해), ~에게

F

☐	房间	fángjiān	명 방
☐	非常	fēicháng	부 아주, 매우
☐	服务员	fúwùyuán	명 종업원

G

☐	高	gāo	형 (키가) 크다, 높다
☐	告诉	gàosu	동 알리다, 말하다
☐	哥哥	gēge	명 오빠, 형
☐	给	gěi	동 주다 전 ~에게
☐	公共汽车	gōnggòng qìchē	명 버스
☐	公司	gōngsī	명 회사
☐	贵	guì	형 비싸다
☐	过	guo	조 ~한 적이 있다[동작의 완료·경험을 나타냄]

H

☐	还	hái	부 아직, 여전히, 또, 더
☐	孩子	háizi	명 아이, 애, 자식
☐	好吃	hǎochī	형 맛있다
☐	黑	hēi	형 어둡다, 까맣다
☐	红	hóng	형 빨갛다, 붉다
☐	火车站	huǒchēzhàn	명 기차역

J

☐	机场	jīchǎng	명 공항
☐	鸡蛋	jīdàn	명 달걀
☐	件	jiàn	양 벌, 건[옷·일 등을 세는 단위]
☐	教室	jiàoshì	명 교실
☐	姐姐	jiějie	명 누나, 언니
☐	介绍	jièshào	동 소개하다
☐	进	jìn	동 (밖에서 안으로) 들다
☐	近	jìn	형 가깝다
☐	就	jiù	부 바로, 곧
☐	觉得	juéde	동 ~라고 생각하다, ~이라고 여기다

K

☐	咖啡	kāfēi	명 커피
☐	开始	kāishǐ	동 시작하다
☐	考试	kǎoshì	명 시험 동 시험을 보다(치다)
☐	可能	kěnéng	조동 아마도 (~일 것이다)
☐	可以	kěyǐ	조동 ~해도 된다, ~할 수 있다
☐	课	kè	명 수업, 강의

□	快	kuài	형 빠르다 부 빨리, 곧, 어서
□	快乐	kuàilè	형 행복하다, 즐겁다

L

□	累	lèi	형 피곤하다, 지치다
□	离	lí	전 ~에서, ~으로부터
□	两	liǎng	수 2, 둘, 두 개의
□	零	líng	수 0, 영
□	路	lù	명 길, 도로
□	旅游	lǚyóu	동 여행하다

M

□	卖	mài	동 팔다, 판매하다
□	慢	màn	형 느리다
□	忙	máng	형 바쁘다
□	每	měi	대 매, 각, ~마다
□	妹妹	mèimei	명 여동생
□	门	mén	명 문
□	面条	miàntiáo	명 국수

N

□	男	nán	명 남자, 남성
□	您	nín	대 당신[你의 존칭]
□	牛奶	niúnǎi	명 우유
□	女	nǚ	명 여자, 여성

P

□	旁边	pángbiān	명 옆, 근처, 부근
□	跑步	pǎobù	동 달리다, 뛰다
□	便宜	piányi	형 (값이) 싸다
□	票	piào	명 표, 티켓

Q

□	妻子	qīzi	명 아내, 부인
□	起床	qǐchuáng	동 일어나다, 기상하다
□	千	qiān	수 1000, 천
□	铅笔	qiānbǐ	명 연필
□	晴	qíng	형 (하늘이) 맑다
□	去年	qùnián	명 작년

R

☐	让	ràng	통 ~하게 하다
☐	日	rì	명 일, 날

S

☐	上班	shàngbān	통 출근하다
☐	身体	shēntǐ	명 몸, 신체
☐	生病	shēngbìng	통 병이 나다, 병에 걸리다
☐	生日	shēngrì	명 생일
☐	时间	shíjiān	명 시간
☐	事情	shìqing	명 일, 사건
☐	手表	shǒubiǎo	명 손목시계
☐	手机	shǒujī	명 휴대폰
☐	说话	shuōhuà	통 말하다, 이야기하다
☐	送	sòng	통 선물하다, 바래다주다
☐	虽然…, 但是…	suīrán …, dànshì …	접 비록 ~일지라도, 그러나 ~하다

T

☐	它	tā	대 그, 그것[사람 이외의 것을 가리킴]
☐	踢足球	tī zúqiú	축구를 하다
☐	题	tí	명 문제
☐	跳舞	tiàowǔ	통 춤을 추다

W

☐	外	wài	명 밖, 겉, 바깥쪽
☐	玩(儿)	wán(r)	통 놀다
☐	完	wán	통 끝내다, 마치다
☐	晚上	wǎnshang	명 저녁
☐	往	wǎng	전 ~쪽으로, ~을 향해
☐	为什么	wèishénme	대 왜, 어째서
☐	问	wèn	통 묻다, 질문하다
☐	问题	wèntí	명 문제, 질문

X

☐	西瓜	xīguā	명 수박
☐	希望	xīwàng	통 바라다, 희망하다
☐	洗	xǐ	통 빨다, 씻다

☐	小时	xiǎoshí	몡 시간[시간의 단위]
☐	笑	xiào	동 웃다
☐	新	xīn	부 새로 혱 새롭다
☐	姓	xìng	몡 성, 성씨 동 성이 ~이다
☐	休息	xiūxi	동 쉬다, 휴식하다
☐	雪	xuě	몡 눈

Y

☐	颜色	yánsè	몡 색깔, 색
☐	眼睛	yǎnjing	몡 눈
☐	羊肉	yángròu	몡 양고기
☐	药	yào	몡 약
☐	要	yào	조동 ~하려고 하다, ~할 것이다 동 원하다
☐	也	yě	부 ~도, 또한
☐	一下	yíxià	수량 좀 ~해보다
☐	已经	yǐjīng	부 이미, 벌써
☐	一起	yìqǐ	부 같이, 함께
☐	意思	yìsi	몡 뜻, 의미
☐	阴	yīn	혱 (하늘이) 흐리다
☐	因为…, 所以…	yīnwèi …, suǒyǐ …	접 ~하기 때문에, 그래서 ~하다
☐	游泳	yóuyǒng	동 수영하다 몡 수영
☐	右边	yòubian	몡 오른쪽
☐	鱼	yú	몡 생선, 물고기
☐	远	yuǎn	혱 멀다
☐	运动	yùndòng	동 운동하다 몡 운동

Z

☐	再	zài	부 다시, 재차
☐	早上	zǎoshang	몡 아침
☐	丈夫	zhàngfu	몡 남편
☐	找	zhǎo	동 찾다
☐	着	zhe	조 ~하고 있다, ~한 채로 있다[동작의 지속을 나타냄]
☐	真	zhēn	부 정말, 진짜로
☐	正在	zhèngzài	부 ~하는 중이다
☐	知道	zhīdào	동 알다, 이해하다

☐	**准备**	zhǔnbèi	통 ~하려고 하다, 준비하다
☐	**走**	zǒu	통 가다, 걷다
☐	**最**	zuì	부 가장, 제일
☐	**左边**	zuǒbian	명 왼쪽